I AM STRONG

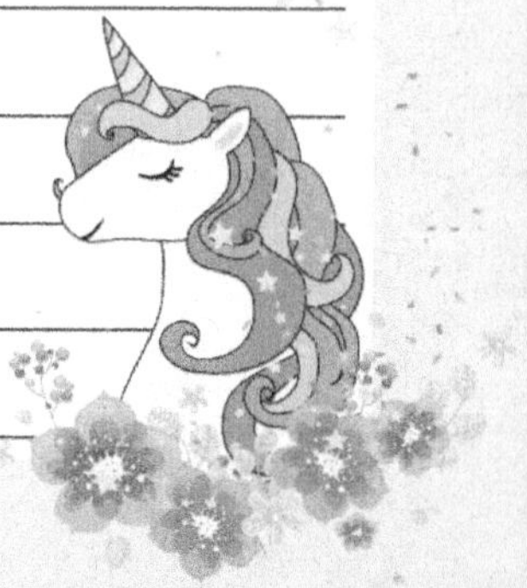

I AM BEAUTIFUL

I AM SMART

I AM KIND

I AM BEAUTIFUL

I AM SMART

_____

_____

_____

_____

_____

_____

_____

_____

_____

_____

_____

_____

_____

_____

_____

_____

_____

_____

_____

_____

_____

_____

_____

_____

I AM KIND

I AM MAGICAL

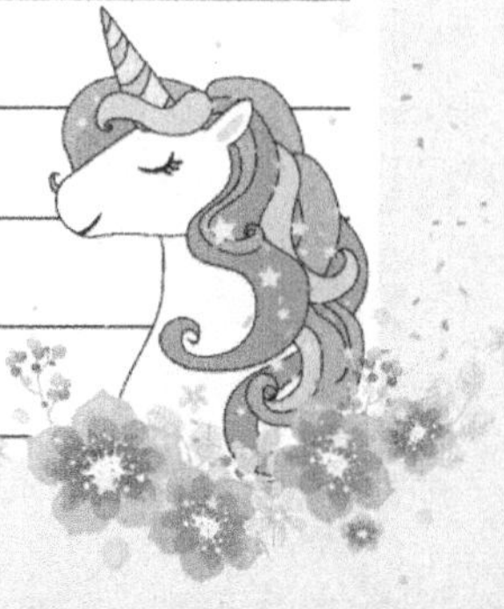

I AM STRONG

I AM BEAUTIFUL

_____

_____

_____

_____

_____

_____

_____

_____

_____

_____

_____

_____

_____

_____

_____

_____

_____

_____

_____

_____

_____

_____

_____

_____

I AM SMART

_____

_____

_____

_____

_____

_____

_____

_____

_____

_____

_____

_____

_____

_____

_____

_____

_____

_____

_____

_____

_____

_____

_____

I AM KIND

I AM MAGICAL

_____

I AM STRONG

I AM BEAUTIFUL

_____

I AM SMART

I AM KIND

_____

_____

_____

_____

_____

_____

_____

_____

_____

_____

_____

_____

_____

_____

_____

_____

_____

_____

_____

_____

_____

_____

_____

_____

I AM MAGICAL

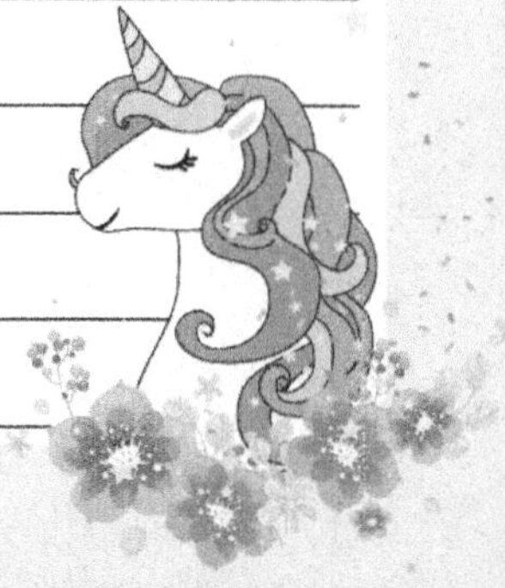

I AM STRONG

I AM BEAUTIFUL

_____

I AM SMART

_____

I AM KIND

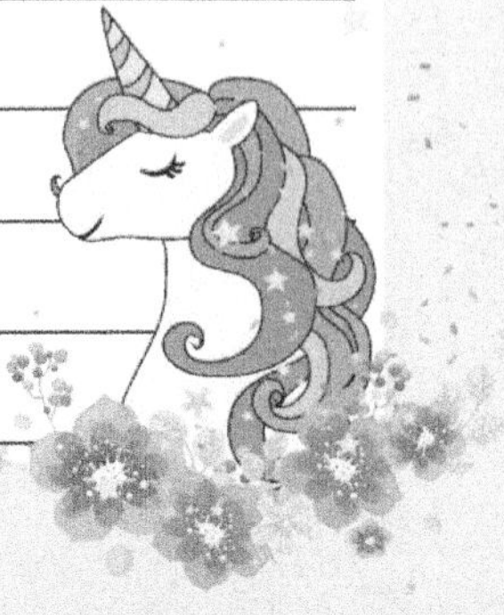

I AM MAGICAL

_____

I AM STRONG

I AM BEAUTIFUL

I AM SMART

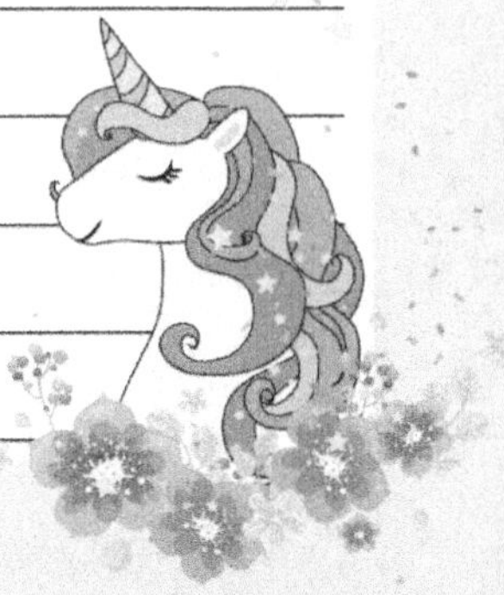

I AM KIND

I AM MAGICAL

_____

_____

_____

_____

_____

_____

_____

_____

_____

_____

_____

_____

_____

_____

_____

_____

_____

_____

_____

_____

_____

_____

I AM STRONG

I AM BEAUTIFUL

_____

_____

_____

_____

_____

_____

_____

_____

_____

_____

_____

_____

_____

_____

_____

_____

_____

_____

_____

_____

_____

I AM SMART

I AM KIND

I AM MAGICAL

_____

_____

_____

_____

_____

_____

_____

_____

_____

_____

_____

_____

_____

_____

_____

_____

_____

_____

_____

_____

_____

_____

_____

I AM STRONG

I AM BEAUTIFUL

I AM SMART

I AM KIND

I AM MAGICAL

I AM STRONG

I AM BEAUTIFUL

I AM SMART

I AM KIND

I AM MAGICAL

I AM STRONG

I AM BEAUTIFUL

_____

_____

_____

_____

_____

_____

_____

_____

_____

_____

_____

_____

_____

_____

_____

_____

_____

_____

_____

_____

_____

_____

_____

I AM SMART

I AM KIND

I AM MAGICAL

I AM STRONG

_____

I AM BEAUTIFUL

I AM SMART

_____

I AM KIND

_____

I AM MAGICAL

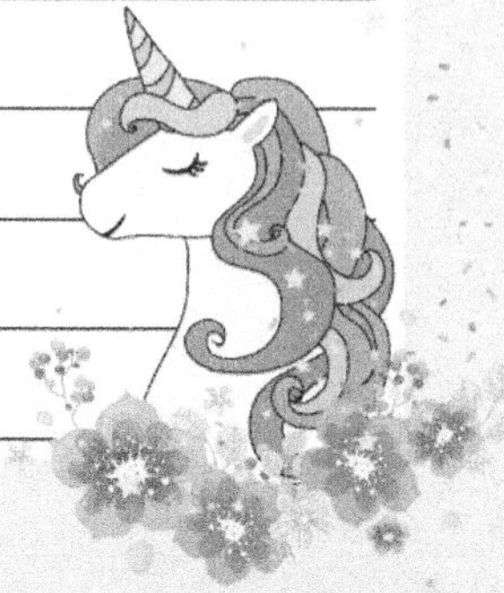

I AM STRONG

Made in the USA
Middletown, DE
09 May 2020